L¹⁴ₖ
89

L¹⁴ₖ
89

REGLEMENT
FAIT PAR LES GENS DES TROIS-ÉTATS
DU PAYS DE LANGUEDOC,

ASSEMBLÉS PAR MANDEMENT DU ROI en la Ville de Montpellier, au mois d'Octobre 1762,

AU SUJET DE LA FERME ET EXPLOITATION DU DROIT D'EQUIVALENT.

CONCERNANT L'ADJUDICATION DE LA FERME.

ARTICLE PREMIER.

A Ferme sera donnée au plus Offrant & dernier Enchérisseur, en blot, pour six années, qui commenceront le premier Avril 1764, & finiront le dernier Mars 1770 ; & sera délivrée à Celui ou à Ceux qui feront la condition meilleure : Et ne seront reçûes aucunes surdites, qu'elles ne soient au moins de trois mille livres.

II.

Les Prétendans à la Ferme, ou Ceux qui se présenteront pour faire des Offres pour autrui, seront tenus de remettre à Monseigneur l'Archevêque de Toulouse, Président, l'Etat des Personnes composant leur Compagnie & de leurs Cautions, lesquelles ne pourront être que des Personnes solvables de la Province, y ayant leurs Biens & Domiciles, & de faire la remise dudit Etat dûement certifié, au moins un jour franc avant celui qui sera indiqué pour chaque Séance, où les Offres seront reçûes ; faute de quoi ils ne seront pas admis à enchérir ; & ce, sans préjudice de l'examen & discussion desdites Cautions après l'Adjudication : Et au cas lesd. Cautions ne seroient pas trouvées solvables, ladite Ferme sera donnée au dernier Surdisant à la Fole-Enchère, & sans préjudice de ladite Fole-Enchère, s'il y en a, le précedent Surdisant sera tenu de soutenir la Surdite, & prendre la Ferme au prix d'icelle.

III.

Après les Enchères, la première Adjudication en sera faite, sauf la Surséance de huitaine, pendant laquelle nulle Surdite ne sera reçûe, qu'elle ne soit de quatre mille livres par année.

Ladite surséance de huitaine étant expirée, il sera fait une seconde Adjudication, sauf le délai de trois jours, pendant lesquels nulle Enchère ou Surdite ne pourra être reçûe, à moins qu'elle ne soit de tiercement, c'est-à-dire, de douze mille livres pour chacune année.

Après led. délai, les Enchères seront continuées sur le même pied dans l'Assemblée des Etats, où il sera fait une troisième Adjudication au dernier Offrant, sauf un dernier délai de vingt-quatre heures, pendant lequel ne pourront être reçûes aucunes autre Offres qu'elles ne soient du triplement du tiercement des douze mille livres, c'eſt-à-dire, de trente-ſix mille liv. par année; & ne pourront leſdites Offres de triplement de tiercement, être reçûes que juſqu'à l'heure de huit du ſoir ſonnant à la repetition de l'Horloge de l'Egliſe Nôtre-Dame des Tables; & après ledit délai, nulle autre Offre ni Surdite ne pourra être reçûe ſous quelque prétexte que ce ſoit; mais feront les ſeuls Adjudicataire & Tripleur du tiercement, admis à concourir par ſimple Enchère de trois mille liv. dans l'Aſſemblée des Etats, & le Bail paſſé au dernier Offrant en la forme ordinaire.

Toutes les Adjudications, proviſoires ou définitives, ſeront faites à l'extinction de la ſeule flamme du dernier des Feux, dont le nombre ſera déterminé par les Etats, & annoncé à l'entrée de la Séance, aux Prétendans à la Ferme.

IV.

Les Adjudicataires de ladite Ferme la prendront à forfait, & à leurs périls, riſques & fortunes, pour en faire l'Exploitation, conformément aux préſens Articles arrêtés par les Etats; ſans que ledit Pays ſoit tenu d'aucune diminution de prix, ſous quelque prétexte que ce puiſſe être, même de cas-fortuits, prévûs ou non-prévûs, ſauf le cas de Peſte ou de Guerre guerroyante; auxquels deux cas ſeulement ils ne pourront prétendre de diminution qu'à proportion de la non-jouiſſance des Lieux qui les ſouffriront, pourvû toutesfois que la non-jouiſſance excède le quart du prix de la Ferme, ou produit de la Régie des Lieux qui auront ſouffert; & le Fermier ſera obligé, nonobſtant ladite prétention, & ſans préjudice d'icelle, de remettre l'entier prix entre les mains du Tréſorier de la Bourſe, par voye de conſignation, à peine d'y être contraint par les voyes & rigueurs de ſon Contrat, juſqu'à ce que, Parties oüies, la liquidation des prétendues nonjoüiſſances ait été réglée par les Etats ; ſans leſquelles Conditions ladite Ferme ne lui feroit délivrée.

V.

S'IL y a contravention aux Articles ci-après, en tout ou en partie, leſd. Fermiers n'auront aucune garantie contre ledit Pays, mais ſeulement leur Action contre Ceux qui auront fait leſdites Contraventions.

VI.

LE Fermier-General ſera tenu d'élire Domicile ès Villes de Touloufe & Montpellier, où les Aſſignations pourront lui être données, s'il y a lieu.

VII.

LES Fermiers feront tenus de porter à leurs frais & dépens, les Deniers de leur Ferme, ès mains du Tréſorier de la Bourſe.

VIII.

LE Corps de la Ville de Narbonne ne ſerapas affermé avec le Diocèſe, conformément aux Lettres-Patentes du Roi, données à Melun en l'année 1573 le 14 Septembre ; & ce, ſans préjudice du droit des Parties, les Requiſitions & Proteſtations du Pays de Languedoc demeurant écrites.

IX.

IL ſera loiſible au Fermier-General, de ſous-affermer tels Diocèſes, Villes & Lieux de la Province que bon lui ſemblera, & aux Sous-Fermiers de faire auſſi des Arrière-Fermes, ſoit avant ou après le premier Avril 1764, jour auquel le Bail general doit commencer ; ſans que dans aucun cas le Fermier-General & leſdits Sous-Fermiers puiſſent confier la Régie des Droits, ni admettre auxdites Sous-Fermes & Arrière-Fermes, des Perſonnes qui n'ayent leurs Biens & leur Domicile actuel & ordinaire dans la Province ; & ce, ſous peine de nullité des Engagemens qui feront pris, & de demeurer exclus de toute action contre lefdits Régiffeurs, Sous-Fermiers & Arrière-Sous-Fermiers, nonobftant toute promeffe ou condition contraire, laquellefera de nul effet.

Entendent les Etats, que les Sous-Baux & Arrière-Baux qui feront faits avant le 1^r. Avril 1764, ne pourront être querellés, après que les Preneurs feront entrés en jouiffance d'iceux ; & ce, nonobftant tout ce qui pourroit être oppofé après ledit jour contre la forme defdits Baux ou Traités, & nonobftant auffi toutes nouvelles offres & enchères, de quelque nature qu'elles foient, lefquelles ne pourront être reçues après led. jour, & demeureront de nul effet, quand même elles auroient été refervées par lefdits Baux ou Traités, ou qu'il n'y auroit pas été renoncé, & quand même il auroit été introduit des Inftances pour raifon de ce, lefquelles demeureront comme non-avenues, s'il n'y a été ftatué définitivement avant le jour où lefd. Sous-Fermiers feront entrés en jouiffance de leurs Baux, & le Jugement à eux fignifié dans le mois après la date d'icelui ; paffé lequel délai, lefdits Jugemens demeureront de nul effet ; les Etats entendant par exprès, que tout Litige ceffe au fujet des Sous-Fermes & Arrière-Fermes, & que les Traités en foient irrecevables après que les Preneurs feront entrés en jouiffance d'iceux fans trouble, ou que les Jugemens qui les auront dépoffedés avant le jour de leur entrée en jouiffance, ne leur auront point été fignifiés dans le mois après leur date.

Comme-auffi, que les Sous-Traités qui feront faits après ledit jour premier Avril 1764, foient également irrévocables, & fortent leur plein & entier effet, nonobftant toutes offres ou furdites.

Laquelle irrévocabilité aura lieu au-furplus en l'un & l'autre cas pour les Arrière-Sous-Fermiers, encore que les Sous-Fermes dont elles fe trouveront dépendre fuffent adjugées par la suite à la fole-enchère desdits Sous-Fermiers.

DROITS SUR LA VIANDE.

X.

Toute Chair, soit fraîche ou salée, qui sera vendue en gros ou en détail, à poids ou autrement, sera sujette au Droit d'Equivalent, & payera six deniers pour livre prime, & dix-huit deniers pour livre carnassière, faisant trois livres primes, excepté la Chair de Pourceau & Truye, fraîche & salée, qui ne sera sujette qu'à deux deniers par livre prime; & pour le Bétail vendu vif à poids, ne sera payé Droit d'Equivalent.

XI.

Les Bouchers & autres Personnes faisant vente & commerce de Viande, qui feront tuer la Viande de Boucherie dans les Villes & Lieux de la Province, seront tenus de payer lesdits Droits au Fermier dans ses Bureaux, dans lesdites Villes & Lieux.

XII.

Les Consuls & Syndics des Villes & Lieux dudit Pays, ne pourront être contraints par le Fermier d'établir des Boucheries; mais il sera loisible à un chacun d'en tenir en payant le Droit d'Equivalent, pourvû que celui ou ceux qui voudront tenir ladite Boucherie, soient reçûs par les Consuls, Syndics, ou autres ayant charge de Police esdites Villes & Lieux où ils voudront tailler pour la Provision des Habitans; & à défaut de Boucherie close, ou de Fournisseur volontaire aux conditions ci-dessus, les Fermiers auront la liberté de tuer ou faire tuer, & tenir Banc de Boucherie esdites Villes & Lieux de ladite Ferme; à la charge toutesfois de ne pouvoir vendre la Chair qu'au plus bas prix des Boucheries clo-
ses

ses les plus prochaines : Et seront tenus les Fermiers qui voudront user de la liberté de fournir eux-mêmes de Viande de Boucherie, de se conformer (ainsi & de même que tous ceux qui, en défaut de Boucherie close, voudront tenir Banc de Boucherie) aux Règlemens de Police concernant la débite de la bonne Viande, & le poids.

XIII.

NE pourront les Bouchers, & autres Personnes faisant vente & commerce de Viande, égorger aucune Bête, sans avoir auparavant appellé les Commis du Fermier : Et pour remédier aux difficultés que les Fermiers font, de peser & marquer promptement le Bétail qui a été tué, dorésnavant les Fermiers seront tenus à la première réquisition desdits Bouchers, ou autres faisant vente & commerce de Viande, de faire le poids & contre-marque dudit Bétail tué, qu'ils écriront au Contrôle, tant pour servir auxdits Bouchers, & autres faisant vente & commerce de Viande, que pour eux, lequel contrôle ils signeront incontinent ; & en défaut de ce faire, il sera loisible auxdits Bouchers, & autres faisant vente & commerce de Viande, d'appeller deux Prud'hommes non-suspects, pour peser ladite Chair, & en payer après le Droit d'Equivalent, suivant le poids de ladite Chair.

XIV.

IL sera loisible au Fermier d'user de telle Marque qu'il avisera, pourvû d'ailleurs que cette Marque soit telle qu'elle ne cause aucun préjudice aux Viandes, & n'en occasionne point le déchet ; comme aussi, qu'elle ne soit apposée, suivant l'usage, que sur les extrémités des quatre Quartiers de la Bête ; se reservant les Etats en conséquence, l'interdiction de ladite Marque telle qu'elle soit, s'il en résulte le moindre dommage pour la Viande ; auquel cas, le Fermier sera tenu de reprendre l'usage de celle qui a eu lieu jusqu'à présent, ou d'en employer une autre qui, comme celle-ci, n'occafionne aucun déchet de la Viande, ni autre dommage : Et pour obvier aux abus des Gardes & Commis de l'Equivalent, en ce qu'ils font le Contrôle, fans vouloir en donner Copie aux Bouchers & Vendeurs, lefd. Fermiers, ou leurs Commis, feront tenus à l'avenir d'en donner Copie, en étant requis, fans rien prendre ; & en cas de refus, ne fera foi ajoutée audit Contrôle, ni le Droit payé.

XV.

Il fera permis aux Habitans dudit Pays, d'aller ou d'envoyer querir la Chair, foit fraîche ou falée, & de quelque efpèce de Bête que ce foit, pour leur Provifion tant feulement, hors des Villes & Lieux où ils demeurent, pourvû qu'au lieu où ils iront acheter ladite Chair, il fe paye Droit d'Equivalent ; le tout fans fraude, à peine de l'amende : comme auffi, leur fera permis d'en aller acheter pour leur vivre & provifion tant feulement, ès Lieux où ledit Droit d'Equivalent ne fe lève point, en payant toutesfois le Droit d'Equivalent ; le tout fans dol ni fraude, & à la charge en ce dernier cas, d'en faire Déclaration avant enfermer lefdites Viandes ; & tout autre Verfement d'un Lieu à un autre demeurant prohibé, à peine de confifcation & d'amende.

XVI.

On ne payera Droit d'Equivalent des Pourceaux, Bœufs, Vaches, & autre Bétail qu'on tuera pour la Provifion, Fiançailles, Nôces, Obits, Cantages, Confréries, Meffes-Nouvelles, ou pour Moiffons, ou autres Cultures & Labourages, bien que ledit Bétail foit du crû ou acheté pour faler ou manger frais, en quelque façon que ce foit, pourvû toutesfois que ce foit fans dol ni fraude, & qu'il ne fe faffe aucun département dudit Bétail ; & ne feront tenus les Particuliers qui tueront dans les cas ci-deſſus énoncés, d'en faire aucune Déclaration au Fermier avant ni après avoir tué ledit Bétail.

XVII.

POURRONT néanmoins leſd. Habitans acheter ou diſtribuer èntr'eux, à la charge qu'ils ne ſoient plus de quatre, un Bœuf ou Vache, Pourceau, Chévre, Agneau ou autre Bétail, quatre fois de l'année ſeulement, pour en manger la Chair fraîche ou ſalée, ſans que pour raiſon dudit département ils doivent payer aucun Droit d'Equivalent, à la charge toutesfois & en ce cas ſeulement de l'avoir déclaré au Fermier ou à ſon Commis ; ſçavoir, ceux qui auront le Domicile dans les Lieux où il y aura un Bureau de l'Equivalent, & dont le Domicile ne ſera qu'à une lieue de diſtance dudit Bureau, avant de faire ledit Département ; & ceux dont le Domicile ſera éloigné de plus d'une lieue, dans deux fois vingt-quatre heures au plûtard du jour qu'ils auront tué leſd. Bêtes ; le tout ſans fraix, & ſans dol ni fraude ; & ſans que ſous prétexte d'avoir fait ledit partage, leſdits Habitans puiſſent être privés du Droit de tuer pour leur uſage & proviſion, rélativement aux diſpoſitions de l'Article ci-deſſus.

XVIII.

CEUX qui feront tuer leſdites Bêtes ſujettes audit Droit d'Equivalent, ſous prétexte de les vouloir pour leur uſage ou proviſion, & puis les diſtribueront à d'autres, hors du cas mentionné au précedent Article, ſeront tenus, avant que les départir entr'eux, de les faire peſer & en payer le Droit d'Equivalent, comme ſi elles avoient été vendues à la Boucherie en détail; & ce, à peine de confiſcation & de l'amende.

XIX.

NE pourront ſous prétexte des diſpoſitions des Articles XVI. & XVII. les Communautés Régulières & Séculières, sans exception, les Hôpitaux & Hôtels-Dieu, les Entrepreneurs du Tirage des Sels dans la Maison des Adoux, Terroir de Beaucaire, ni ceux qui tiennnent des Gens en Service ou en Pension, faire tuer aucunes Bêtes dans leur Maison d'Habitation ou de Campagne, même sous prétexte de Labourages, Cultures ou Moissons, mais seront tenus de se pourvoir aux Boucheries publiques; ce qui n'aura lieu néanmoins à l'égard des Fermiers des Dixmes & Domaines desdites Communautés, lesquels jouiront, comme par le passé, des mêmes facultés dont jouissent les Fermiers des autres Biens; sans au surplus, que l'exclusion portée par le présent Article, puisse être étendue aux Manufactures, Forges ou Fabriques, dont les Maîtres ou Régisseurs sont dans l'usage de nourrir les Ouvriers dans les enclos desdites Manufactures, Forges ou Fabriques, lesquels continueront de jouir de la même liberté que les Habitans, de tuer pour leur provision seulement, sans déclaration, tout dol & fraude cessant; les Etats n'entendant néanmoins que ladite exemption ait lieu à l'égard des Forges ou Fabriques, où pour la commodité des Ouvriers, les vivres leur sont fournis par des Préposés établis dans l'enclos desdites Forges ou Fabriques, à un prix fixe, & selon le poids ou la mesure qu'ils en demandent; lesquels Préposés seront tenus audit cas, d'acquitter les Droits qui se trouveront dûs, & de faire les déclarations réquises; & ne payeront au-surplus les Hôpitaux & Hôtels-Dieu, le droit sur la Viande, qu'à raison de quatre Deniers par livre prime, conformément aux anciennes Délibérations des Etats.

XX.

Les Habitans pourront donner ou vendre les Pieds, Têtes & Entrailles des Bêtes qu'il leur est permis de tuer pour leur usage ou provision, & pour Festins ci-dessus spécifiés, sans que pour raison d'icelles Têtes, Pieds & Entrailles, il soit payé aucun Droit d'Equivalent; le tout sans fraude.

XXI.

NE sera payé Droit d'Equivalent des Canards, Volailles, Gibier, Saucisse, Patés, Andoüilles & Cochons de lait, ni aussi des Oyes & Oisons, si ce n'est qu'elles soient salées, & qu'il en soit fait Commerce; auquel effet, les Mangonniers, Revendeurs, & autres qui font Commerce desdites Oyes & Oisons, seront tenus de les raisonner & exhiber au Fermier ou ses Commis avant de les mettre en vente, & de payer le Droit de tout ce qui en sera vendu & délivré; sans que lesdits Mangonniers, Revendeurs, & autres qui font commerce desdites Oyes & Oisons, soient reçûs à alleguer qu'ils en font présent; & ne seront compris dans l'exemption des Droits accordés aux Viandes énoncées ci-dessus, les Saucissons qui demeureront assujettis au payement des Droits.

XXII.

LES Têtes, Pieds & Entrailles des Bœufs, Pourceaux, Moutons & autre Bétail, qui seront vendus au Poids, payeront en ce cas le Droit d'Equivalent, & non autrement; & à l'égard des Graisses, elles ne payeront pas le Droit d'Equivalent, lorsqu'elles seront détachées de la Bête, & qu'elles seront vendues séparément.

XXIII.

LES Chévrotiers, Agneliers, & autres qui tuent & revendent les Agneaux, payeront deux sols pour chaque Agneau du poids de vingt livres & au-dessous; & s'ils pésent au-dessus, ils seront reputés Viande de Boucherie, & payeront six deniers par livre, à l'exception des Chevreaux, bien qu'ils soient vendus & debités aux Boucheries, qui ne payeront rien.

XXIV.

Ne pourront les Bouchers & autres faisant Vente & Commerce de Viande, exposer en vente la Chair des Bêtes qui doivent être soufflées pour être écorchées, qu'elles n'ayent été tuées aux Ecorchoirs publics, dans les Villes & Lieux où il y en a eu d'établis jusqu'à présent, lesquels Ecorchoirs continueront d'être fournis & entretenus aux fraix des Communautés ou autres qui en sont Propriétaires; & le Fermier ne pourra exiger qu'il en soit établi dans les Lieux où il n'y en a pas eu par le passé, que du Consentement des Etats, après en avoir fait connoître la nécessité par l'objet de la consommation; & ne pourront au-surplus lesdites Bêtes être soufflées autrement qu'avec des Soufflèts destinés à cet usage.

DROITS SUR LE POISSON ET CHAIRS SALE'ES.

XXV.

Les Pêcheurs, premiers Vendeurs de Poisson, pourront vendre indifféremment à toute sorte de Gens, le Poisson frais jusqu'au poids de dix livres & au-dessous par jour seulement, sans payer Droit d'Equivalent; & Ceux qui auront acheté le Poisson desdits Pêcheurs, seront pareillement exempts de payer ledit Droit lors de la Vente qu'ils en feront, pourvû qu'ils n'en portent pas une plus grande quantité; lequel Poisson, jusqu'à dix livres de poids, ils ne seront tenus de présenter ni raisonner audit Fermier, tout dol ou fraude cessant; & en cas de dol ou de fraude, ledit Poisson sera confisqué, & le Contrevenant condamné en l'amende.

XXVI.

Ceux qui voitureront du Poisson pour vendre, soit de la Mer, soit d'Eau douce, excédant le poids de dix livres, le porteront ès Villes & Lieux de sa destination, l'ayant au préalable préfenté & raifonné avant qu'être mis en vente, au Fermier ou à fon Commis ; & en leur abfence, au Conful du Lieu : & ne pourront lefd. Vendeurs de Poiffon, qui en porteront plus de dix livres, le vendre en détail dans les Lieux de leur paffage, fans le raifonner & en payer le Droit.

XXVII.

Les Pêcheurs, premiers Vendeurs, pourront néanmoins vendre le Poiffon en gros, fur les bords de la Mer, Etangs & Rivières feulement où il aura été pêché, fans payer le Droit d'Equivalent ; & s'il eft vendu en détail, il payera le Droit : & au cas que les Pêcheurs qui vont en Mer avec des Tartanes, foient obligés d'entrer dans une Rivière pour vendre le Poiffon qu'ils auront pêché, ils pourront en ce cas, vendre ledit Poiffon en gros pourvû qu'ils le vendent dans leurs Tartanes, & non autrement.

XXVIII.

Il ne fera payé aucun Droit d'Equivalent des Huitres, Moules, Bigourres, Cancres, Ecreviffes, Grenoüilles, Jol, Caramottes & Sivades, Coquilles ou Tenilles.

XXIX.

Les Mangonniers, Revendeurs, & autres faifant le Commerce des Chairs falées, ne feront tenus de déclarer ni de payer le Droit à raifon des Viandes qu'ils acheteront aux Etaux publics des Lieux de leur réfidence; mais ne pourront lefdits Mangonniers, Revendeurs & autres, enfermer ni mettre en vente aucune autre Chair ou Poiffon, fujette au Droit d'Equivalent, dans le Lieu de leur deftination, fans les avoir préalablement raifonnées & exhibées auxd. Fermiers ou leurs Commis ; & il ne fera cenfé avoir été fait dol & fraude audit Droit, lorfqu'il aura été traité feulement de la vente defdites Marchandifes, s'il n'en a été fait la délivrance.

XXX.

Seront tenus lesdits Mangonniers & Revendeurs, de même que les Voituriers & Commissionnaires, qui recevront des Marchandises sujettes au Droit, en entrepôt ou par transit, de les déclarer aux Fermiers de l'Équivalent, ou à leurs Commis, dans leurs Bureaux, avant de les enfermer dans leurs Maisons & Magasins, dans les Lieux où les Fermiers auront un Bureau ouvert: Et à l'egard des Lieux où il n'y aura point de Bureau, lesdits Mangonniers, ou autres qui recevront lesdites Marchandises par entrepôt ou par transit, pourront les enfermer dans leurs Maisons ou Magasins, à la charge par eux de les aller déclarer aux Fermiers ou Commis, dans le Bureau d'où dépendra le Lieu de l'Entrepôt, dans les vingt-quatre heures après l'enfermement desd. Marchandises, lorsqu'il n'y aura qu'une lieue de distance, ou dans le délai de deux fois vingt-quatre heures, lorsque ladite distance sera plus grande: Et seront les Déclarations fournies, dans le cas de cet Article & du précedent, accompagnées d'une ampliation de la Lettre de Voiture; & lesdites Marchandises ou Denrées arrivées par entrepôt ou transit, seront sujettes au Droit, comme étant censées pour le compte de celui qui les aura reçûes, après avoir séjourné plus d'un mois dans le Lieu de leur arrivée.

XXXI.

Pourront les Fermiers, Sous-Fermiers, & leurs Commis, faire leurs Visites chez les Mangonniers & Revendeurs, soit pour y faire Inventaire, si bon leur semble, des Chairs prises aux Etaux publics, dont le Droit a été payé par le premier Vendeur, soit pour y recevoir la Déclaration que lesd. Mangonniers, Revendeurs & autres, seront tenus de faire audit Fermier des autres Chairs & Poissons sujets au Droit d'Equivalent, qui sont dans leurs

Boutiques

Boutiques, Magafins & ailleurs, pour être marquées, & en être payé ledit Droit à proportion de la vente defdites Marchandifes.

DROITS SUR LES VINS.

XXXII.

Les Habitans du Pays ne payeront Droit d'Equivalent du Vin de leur crû, en quelque part qu'il foit levé & cueilli, foit au dedans ou au dehors de la Province, & en quelque lieu qu'ils le vendent ou faffent vendre, en gros ou en détail, de même que les Taverniers, ou ceux qui, moyénant Salaire, vendent led. Vin du crû & pour le compte defdits Habitans ; à condition toutes-fois, 1°. Que la Vente foit faite au lieu où le Vin aura été récueilli, où que les Propriétaires dudit Vin ayent Maifon en propriété dans la Ville ou Confulat où la vente en fera faite, ou bien que lefdits Propriétaires, fans avoir Maifon en propriété, y foient domiciliés, ou que leur Famille, ou du moins le Chef d'icelle, habite pendant fix mois chaque année audit Lieu de la Vente.

2°. Que les Vendans du Vin ne faffent ni ne fouffrent Affiette de Bûveurs, laquelle ne fe pourra entendre que de Ceux qui adminiftreront aux Bûveurs, Nape, Viande, Sel, Couteaux, Pain de toute efpèce, même des Croûtes ou Gâteaux, ou qui fouffriront que les Hôtes, Cabaretiers, & tous autres qui font le Débit d'Alimens, de quelque efpèce qu'ils puiffent être, les portent eux-mêmes ou les faffent porter par leurs Domeftiques, ou autres Perfonnes à ce prépofées, dans les Caves ou Maifons où fera vendu ledit Vin du crû ; comme auffi, que les Vendeurs faffent cuire ou réchauffer de la Viande ou Poiffon, ou fouffrent qu'on en cuife ou réchauffe au feu qui fera dans les endroits où ils vendront le Vin

C

à petites mesures, ni permettent que les Bûveurs apportent du dehors des Réchauts pour y faire cuire ou réchauffer lefdites Viandes ou Poiffon ; fans que lefdits Vendeurs, qui ne feront ni ne fouffriront aucune des chofes ci-deffus fpécifiées, puiffent être recherchés ni actionnés, lorfque les Bûveurs apporteront eux-mêmes de quoi manger, le tout fans abus : & fera permis auxdits Vendeurs du Vin du crû, de fournir Bancs, Chaifes, Tables, Pot, Verre &. Eau pour boire toute forte de Vins, même de faire rincer les Verres & verfer à boire aux Bûveurs, les Portes ouvertes ou fimplement pouffées, fans être fermées, de manière que l'entrée en demeure libre.

XXXIII.

La Vente en détail ne pourra être faite que dans la Baffe-cour, Paffage, & autres Pièces au bas des Maifons, les portes ouvertes ou feulement pouffées, de manière que l'entrée en demeure libre ; & néanmoins l'ufage où font les Habitans en certains Lieux de vendre ledit Vin au premier Etage de leur Maifon, fera permis à l'égard feulement de ceux defdits Habitans dont le bas des Maifons n'a point fervi & ne peut point fervir à ladite Vente du Vin en détail ; à la charge que les Portes, tant de la Maifon que de l'Endroit où fe fera lad. Vente, demeureront ouvertes ou pouffées, ainfi qu'il eft dit ci-deffus, pendant la Vente.

XXXIV.

Les Particuliers ne pourront vendre le Vin que dans la Maifon où il aura été mis en Cave ; & au cas ils veuillent le vendre dans une autre Maifon, ils ne pourront le faire tranfporter au Lieu de la Vente, qu'en Tonneaux, pefant au moins deux quintaux Poids de marc, & non en Bouteilles, Brindes, ou autres Vafes de moindre contenance, en conféquence de la Déliberation des Etats du 4 Février 1709.

XXXV

Pourront lesd. Habitans vendre en détail le Vin de leur crû, & en acheter d'autre pour la dépense de leur Maison seulement, lequel Vin acheté, ils seront tenus de déclarer avant de l'enfermer & de le mêler avec le Vin du crû, afin que le Fermier puisse, si bon lui semble, en faire marquer les Tonneaux ; si non, & faute par l'Habitant d'avoir fait ladite déclaration, le Vin du crû demeurera sujet au Droit d'Equivalent, de la même manière que le Vin acheté, pour tout ce qui en sera vendu en détail, sans qu'il puisse être sujet à aucune peine : Et néanmoins ceux desdits Habitans qui ne renfermeront point sous le même toit le Vin acheté avec celui du crû, ne seront point sujets à le déclarer, sauf dans le cas de la Vente en détail.

Pourront aussi les Habitans donner leur Vin à vendre à des Taverniers, auxquels il sera libre de prendre le Vin de plusieurs Particuliers ; à la charge toutesfois par lesdits Taverniers, de déclarer aux Commis du Fermier, le nom des Propriétaires des Vins, & la qualité de ceux qu'ils recevront dans leurs Caves ou Celiers avant de les enfermer ; comme aussi, de déclarer le jour qu'ils mettront en Vente lesdits Vins; & ce, à peine de l'Amende de cinquante livres, & du payement de la valeur des Vins surpris en fraude ; sans néanmoins que le Propriétaire du Vin soit tenu de remettre aucune Pièce à cet égard au Vendeur du Vin, & de répondre desdites Condamnations, ni à aucune peine ou garantie pour les Fraudes que le Tavernier pourroit faire dans la Vente des Vins.

XXXVI.

Si la Vendange ou Vin d'aucun dudit Pays est saisi pour Dette, & après racheté par lui, il le pourra vendre en menu, sans payer le Droit d'Equivalent.

XXXVII.

Les Possesseurs des Vignes par Bail à Locatairie perpetuelle, en seront réputés Propriétaires, & ne payeront Droit d'Equivalent comme les autres Propriétaires, lesquels ne payeront aussi Droit d'Equivalent lorsqu'après avoir baillé à travailler leurs Vignes à moitié Fruits ou autrement, ils prendront en payement la portion du Vin échû aux Vignerons pour la culture desdites Vignes, pourvû qu'ils ne fassent ni souffrent Assiette de Bûveurs, suivant l'Article xxxii.

XXXVIII.

Seront exempts du Droit d'Equivalent, le Laboureur ou Vigneron qui prendra à labourer ou cultiver les Vignes d'autrui, à moitié ou autre portion des Fruits, pour le Vin qui proviendra de sa part ou portion, à raison de son Travail & Culture fait par lui de ses bras, ou autre de son espèce qui lui aidera ; & ne seront tenus lesdits Vignerons, raisonner au Fermier le Vin ci dessus expliqué, ni en payer aucun droit d'Equivalent.

XXXIX.

Ne pourront être censés Vignerons, les Bourgeois ou autres de toute espèce, qui ne travailleront pas la Vigne par eux-mêmes, mais, par des Gens loués ; lesquels Bourgeois, en ce cas, doivent être regardés comme Fermiers, & par conséquent sujets au droit d'Equivalent.

XL.

Tous Rentiers de Bénéfices & autres Biens temporels, soit en Argent ou en Fruits, payeront Droit d'Equivalent du Vin & autres Denrées sujettes audit Droit, provenant desdites Fermes, lorsqu'ils les vendront en détail ; auquel Droit ne seront tenus les Seigneurs Ecclésiastiques, Seigneurs-Gentilshommes, & autres Propriétaires, soit que lesdits Fruits proviennent du Domaine de leurs Biens, soit qu'ils proviennent des Bénéfices, Prémices, Dixmes, Offrandes ou autrement, & en quelque manière que ce soit, ni même lorsqu'ils les prendront en payement de leurs Fermes.

XLI.

NE seront tenus audit Droit Ceux qui baillent du Vin aux Mercenaires pour leur Boisson tant seulement, pendant le tems qu'ils travaillent pour eux, ni les Concierges des Prisons pour le Vin des Prisonniers.

XLII.

LES Boulangers, Mangonniers, & Fenassiers, pourront vendre le Vin de leur crû, sans payer le Droit d'Equivalent, pourvû qu'ils ne fassent Assiette de Bûveurs, suivant l'Art XXXII.

XLIII.

POURRA le Fermier pendant trois mois au plûtard après les Vendanges, faire proceder par deux Commis au moins, à l'Inventaire des Vins récueillis par les Habitans, & faire à cet effet une première visite, tant dans les Métairies & Domaines situés hors des Villes & Villages, que dans les Céliers ou Caves des Maisons desdites Villes & Villages où aura été portée & faite la Vendange, pour recevoir des Propriétaires des Vins, leurs Fermiers ou Agens, les déclarations de la quantité du Vin provenu dans leurs Fonds, sans qu'il puisse être question de la situation ni contenance des Vignes qui l'ont produit : Et seront lesdits Inventaires inserés dans un Regître où les Commis signeront & feront signer par les Propriétaires, les Fermiers ou Agens, les Articles les concernant; sinon sera fait mention de leur absence, refus, ou déclaration de ne sçavoir signer après les avoir interpellés, auquel cas seront signés par deux Témoins; desquels Articles il sera baillée Copie signée à Ceux qui auront fait déclaration, dont le Regître sera chargé, à peine de nullité; & sans que lesdits Déclarans soient tenus d'aucuns fraix à cette occasion, pas même du Papier-timbré, s'il en est employé.

Pourra aussi le Fermier faire, si bon lui semble, une seconde Visite chez les Vendeurs du Vin du crû, lors de la Vente seulement, & non autrement, sans qu'à l'occasion de ladite Visite ou Vente, ni sous aucun prétexte, led. Fermier ou ses Commis puissent exiger aucune Déclaration, ni user de Marque des Tonneaux, de gustation du Vin, ou autres voyes permises & licites à l'égard des Vins des Hôtes & Cabaretiers, ou autres qui sont sujets au payement du Droit : & seront tenus les Habitans & Vendeurs du Vin du crû, de souffrir lesdites Visites & Inventaires, & de faire à cet effet, l'ouverture de leurs Caves & Céliers aux Commis du Fermier, sous peine d'une amende, qui ne pourra être moindre de 10 liv. ni plus forte de 50 liv. suivant l'exigeance des cas.

XLIV.

Les Marchands Forains & Etrangers, trafiquans & apportans du Vin de leur crû, ou acheté, & le vendant en gros, ne seront tenus de payer Droit d'Equivalent, pourvû que la vente par eux faite, soit au moins de Demi-Charge de Cheval, Mulet ou Mule ; lequel, s'ils le vendent en détail, & en moindre quantité que lad. moitié de lad. Charge, devra Droit d'Equivalent, s'il n'est composé avec le Fermier.

XLV.

Lesdits Marchands ou Muletiers, ne pourront enfermer ni mettre en Vente led. Vin, sans l'avoir préalablement raisonné & exhibé audit Fermier ou à ses Commis ; & il ne sera censé avoir été fait dol & fraude aud. Droit, lorsqu'il aura été traité seulement de la Vente dudit Vin, s'il n'en a été fait la délivrance.

XLVI.

Les Hôtes & Cabaretiers, Pâtissiers & Rôtisseurs,

payeront le droit d'Equivalent de tous les Vins sans exception, qui se consommeront ou se vendront en détail dans leurs Hôteleries ou Cabarets, & autres Lieux où ils exercent leur Profession, à la charge par les Hôtes-majeurs de raisonner & déclarer la Vente de leurs Vins, sur le même pied des Hôtes-mineurs; auxquels Hôtes-majeurs, Cabaretiers, Pâtissiers, Rôtisseurs, & autres qui vendront du Vin en détail sujet audit Droit, sera déduit pour leurs boissons, de leurs Femmes, Enfans, & Valets, Lies, Coulages, Remplages, le dixième dudit Droit, suivant l'usage reçû dans la Province; & pour tout le surplus, ils en payeront le Droit de sixième, sur le pied de la Vente qu'ils en auront fait, & les quatre sols pour livre par augmentation dudit Droit; & ne pourront lesdits Hôtes, Cabaretiers, & ceux qui en font Commerce, s'en pourvoir, ni transporter chez eux avec Cruches ou autres Vases, sans le consentement du Fermier, & en payant les Droits; & seront réputés majeurs, tous Hôtes qui donnant à manger, donnent aussi des Lits & ont des Ecuries; & ce, encore qu'ils comptent à Pièces, ou de quelqu'autre manière que ce soit.

XLVII.

Les Hôtes & Cabaretiers du Pays de Vélai & Gevaudan, payeront le Droit d'Equivalent pour tout le Vin qu'ils débiteront dans leurs Cabarets, quoiqu'il soit Vin prim, ou mêlé avec du Vin étranger, ainsi qu'il se pratique dans toute la Province.

XLVIII.

Les Parfumeurs & autres qui vendent du Vin Muscat, & autre Vin de Liqueurs qui ne sont pas de leur crû, payeront le Droit d'Equivalent pour raison desdits Vins, lors toutesfois que ladite Vente sera faite en détail, c'est-à-dire, en moindre quantité que demi charge, composée de quarante Bouteilles Pinte de Paris, ou soixante Bouteilles Chopine de Paris, expédiées à la fois, en une ou plusieurs Caisses ; & seront lesdits Parfumeurs & autres qui voudront faire lesdites Ventes en détail, tenus, en ce cas, de faire déclaration au Fermier, des Vins qu'ils acheteront, avant de les enfermer chez eux, à laquelle déclaration ne seront tenus en aucun cas lesdits Parfumeurs, & autres qui ne vendront lesdits Vins qu'en gros.

XLIX.

Les Arrêts donnés touchant la prohibition des Tavernes, sortiront leur plein & entier effet ; sans que pour l'observation d'iceux, les Fermiers puissent prétendre aucune diminution de prix, dépens, dommages & intérêts.

EXPLOITATION DE LA FERME.

L.

Les Fermiers établiront leurs Bureaux aux Villes Capitales de chaque Diocèse, auxquels eux ou leurs Commis, feront actuelle résidence à la fin de chaque Quartier, pour recevoir le payement des Sous-Fermiers ; Et ne pourront lesdits Fermiers, faire aucunes diligences pour le recouvrement des deniers, que huit jours après le Terme échû : Et lorsqu'ils se serviront d'Huissiers, ils ne pourront les prendre que des Villes & Lieux où les exécutions se feront, ou dans les Lieux les plus proches, sans distinction d'Huissiers-Royaux ou Banerets ; & lorsqu'ils feront plusieurs Exécutions dans un même jour, audit cas, ils ne seront payés que du Salaire d'un jour pour toutes lesdites Exécutions : Et où lesdits Sous-Fermiers ne trouveront ledit Fermier-Principal, ou ses Commis, auxdits Bureaux (ce qu'ils qu'ils feront tenus de constater par un Certificat des Consuls des Lieux) en ce cas, lesdits Sous-Fermiers demeureront valablement déchargés, en consignant les sommes par eux dûes, entre les mains desdits Consuls, ou autres Personnes solvables; de quoi sera dressé Procés-Verbal, pour être notifié aux Domiciles desdits Fermiers.

L I.

Tous les Habitans des Villes & Lieux de la Province, même les Soldats Invalides & Suisses, qui font Hôtelerie ou Mangonnerie, seront sujets au Droit d'Equivalent, conformément aux présens Articles; sans préjudice néanmoins de l'Exemption dont la Ville de Beaucaire jouit pendant la durée de la Foire seulement, & des Privilèges, Franchises & Immunités dont certaines autres Villes & Communautés de la Province sont aussi en possession actuelle; desquelles Exemptions, Privilèges, Franchises & Immunités concernant les Droits d'Equivalent, lesdites Villes & Communautés continueront de jouir en vertu de cette Possession, sauf au Fermier à exercer ses Droits contre les Villes & Lieux qui ne seront pas en état de justifier de ladite possession, & à se pourvoir à cet effet, ainsi qu'il avisera, devant les Juges qui doivent connoître de l'Exécution des Articles arrêtés par les Etats, & sans préjudice de l'examen qui sera par eux fait des Titres sur lesquels sont fondés lesdits Privilèges, & ainsi qu'ils se sont reservés & se reservent de le faire dans tel délai qu'il leur plaira de déterminer.

L II.

NE payeront Droit d'Equivalent, les Habitans dudit Pays qui tiendront Pensionnaires, en quelques Villes & Lieux de la Province que ce soit, mais seulement les Hôtes & Cabaretiers.

LIII.

Et nul Habitant tenant Penfionnaires, ne pourra fe fervir de ladite Exemption, s'il reçoit chez lui des Marchands, Voituriers, Muletiers, fréquentant Foires & Marchés, & autres Paffagers de quelque qualité & condition qu'ils foient, fauf lorfqu'ils féjourneront pour leurs Affaires particulieres plus de trois jours; & ne pourront auffi lefdits Habitans tenant Penfionnaires, tenir dans leurs Maifons des Gens à Cheval, ni avoir ailleurs des Ecuries pour des Chevaux, ou autres Bêtes de Voiture de leurs Penfionnaires, fous quelque prétexte que ce foit: Et les Fenaffiers ou autres Perfonnes qui font cette Profeffion, pourront recevoir dans leurs Ecuries, les Chevaux, Mules, Mulets, & autres Bêtes, & les affener du Foin, Avoine, & autres chofes néceffaires à l'ufage defdites Bêtes, le tout fans dol ni fraude; & fans qu'ils puiffent, fous quelque prétexte que ce foit, donner à manger aux Maîtres Voituriers & autres Etrangers, qu'ils pourront feulement coucher, ni mettre des Enfeignes comme font les véritables Hôtes, mais feulement un peu de Foin au-devant de leur Porte pour marquer l'affenage, fous les peines portées par le préfent Règlement.

LIV.

Pour prévenir les Fraudes auxquelles l'Exemption énoncée en l'Article LII. ci-deffus peut donner lieu, tous ceux qui voudront en jouir, fous prétexte qu'ils ne tiendront que des Penfionnaires, ne pourront mettre aucunes Enfeignes, mais feulement un Ecriteau fur la Porte de leur Maifon, avec ces mots: *Ici l'on tient Penfionnaires.*

LV.

Tous Soldats, Cavaliers, Dragons, cazernés ou non-cazernés, ne pourront faire Cabaret, vendre aucun Vin, Poiffon, ni Marchandifes fujettes au Droit d'Equivalent, débiter aucune Viande de Boucherie, même en tuer pour leur propre usage; & les Habitans, Cabaretiers, & autres Personnes, ne pourront acheter desdits Soldats, ni Vin, ni Viande, ni autres Marchandises sujettes à l'Equivalent, ni prendre ailleurs qu'aux Boucheries publiques, de Viande, à peine contre les Habitans, de l'Amende qui ne pourra être moindre de cent livres, ni modérée, & contre les Soldats, de punition corporelle, le tout conformément aux Ordonnances de Mrs. les Commandans & Intendans de la Province, des 20 & 24 Mars 1731 & 22 Mars 1739: Comme aussi, lesdits Soldats, Cavaliers & Dragons qui seront en Quartier dans les Villes de cette Province, ne pourront aller prendre de la Viande aux Boucheries des Lieux voisins, pour la porter dans les Villes, sous les mêmes peines.

LVI.

LESDITS Fermiers pourront prendre le Droit d'Equivalent sur tous les Habitans de la Ville de Toulouse, suivant l'Accord & Transaction faite & passée entre les Capitouls & ledit Pays, sans que les Capitouls puissent exempter aucune Enseigne, ou autres choses par eux prétendues, suivant ledit Accord, & Transaction; & la Chair sera pesée & marquée en ladite Ville de Toulouse, comme en tous autres Lieux du Pays de Languedoc; lesquels Capitouls & Administrateurs de la Ville de Toulouse présens & à venir, seront tenus de faire deux Ecorchoirs pour le gros Bétail & menu, & d'en fournir encore un pour les Agneaux, ou deux, si les Capitouls le trouvent à propos, & que la commodité publique le requière.

LVII.

LES Denrées sujettes audit Droit, qui se vendront par plusieurs fois en mêmes Villes ou Villages, soit en gros ou en menu, ne payeront qu'une feule fois le Droit d'Equivalent, lors de la Vente qui en fera faite, à proportion de ce qui fera vendu; & ledit Droit fera payé autant de fois que la Marchandife fera revendue, lorfque la Vente en fera faite en differens Lieux, foit en gros ou en détail.

LVIII.

ET ne pourront lefdits Fermiers, prendre autres Droits des Habitans de la Province, que ceux contenus aux préfens Articles, foit pour droit de Quittance, ou pour quelque prétexte ou occafion que ce foit, à peine de Concuffion & Reftitution de ce qu'il aura mal exigé, & de 50 livres d'Amende, payable incontinent & fans délai, dépens, dommages & intérêts.

LIX.

CELUI ou Ceux à qui la Ferme fera adjugée, enfemble les Sous-Fermiers & Arrières-Fermiers, ne pourront fe pourvoir, pour tous les Différends & Procès qui pourront naître à raifon de l'exécution des Articles contenus au préfent Règlement, comme auffi à raifon de la Perception des Droits, & généralement de tout ce qui a rapport à l'Exploitation de ladite Ferme, tant au Civil qu'au Criminel, que pardevant les Juges-Confervateurs du Droit d'Equivalent, en première Inftance, & par Appel, en la Cour des Aydes de Montpellier; fauf pour les Procès qui furviendront entre lefd. Fermiers, Sous-Fermiers & Cautions, pour raifon de leurs Fermes feulement, & des Actes ou Ecrits faits au fujet defd. Fermes, qui doivent être portés en première Inftance en ladite Cour, le tout conformément aux Articles de la Déclaration du Roi du 20 Janvier 1736; fans que fous prétexte de Parenté, Alliance d'aucuns des Intéreffés, ni autrement pour quelque caufe & prétexte que ce foit, lefdits Procès puiffent être évoqués, ni les Juges recufés, conformément à la Déclaration du Roi du 30 Janvier 1721, & à l'Arrêt du Conseil du 10 Septembre 1737.

LX.

LORSQU'IL échoira amende pour dol ou fraude, lad. amende sera au profit du Fermier, & sera arbitrée par le Juge, suivant l'exigeance des cas, sans néanmoins qu'elle puisse être moindre de 10 liv. ni plus forte que de 50 liv. pour la première contravention, de 100 liv. pour la seconde, & de 150 liv. pour la troisième; lesdites amendes seront payables nonobstant l'Appel, & sans y préjudicier : Et à l'égard des Gens sans aveu & Vagabonds, contre lesquels l'amende ne peut être repetée, ils seront poursuivis criminellement, suivant l'exigeance des cas, sans que les dispositions de cet Article puissent déroger à ce qui est porté par l'Article LV. au sujet de l'amende de 100 liv. dans le cas porté par ledit Article.

LXI.

Foi sera ajoûtée aux attestations qui seront faites en Jugement devant les Juges Royaux & Ordinaires, ou devant les Consuls des Lieux où le Vin porté pour être vendu, aura été recueilli.

LXII.

COMME AUSSI, foi sera ajoûtée aux Verbaux des Commis & Employes à la Levée dudit Droit, qui auront serment en Justice jusqu'à l'inscription en faux : Et à l'égard des Sous-Fermiers des Lieux particuliers, jusqu'à la somme de 500 livres seulement ; ils pourront faire leurs Procès-Verbaux en cas de fraude, auxquels il sera ajoûté foi comme à ceux des Commis, pourvû que lesd. Verbaux des Sous-Fermiers soient signés par les Consuls, ou par deux Témoins, à la charge par lesd. Sous-Fermiers de prêter Serment.

LXIII.

Les Commis qui seront préfentés par le Fermier-Général, ou par les Sous-Fermiers, & dont ils demeureront civilement refponfables, ne pourront être Parens, Affociés, ni participans à la Ferme, à peine de cent livres d'amende contre le Fermier; lefquels Commis prêteront ferment de bien & dûement faire leurs Fonctions, pardevant les Juges-Confervateurs du Droit d'Equivalent, ou pardevant les Juges des Lieux où réfideront lefdits Commis, lors feulement que lefdits Lieux feront éloignés au-delà de quatre lieues des Villes où les Sièges defdits Juges-Confervateurs feront établis; à la charge néanmoins de faire regiftrer les Verbaux de leur ferment, aux Greffes des Hôtels-de-Ville des Lieux où lefdits Commis doivent exercer leurs Fonctions; lequel Enregiftrement fera fait fans fraix.

LXIV.

Les Adjudicataires des Sous-Fermes, dont le prix excédera 500 livres, enfemble les Directeurs dans les Villes Chef des Diocèfes, & les Commis ayant ferment en Juftice, dont le nombre fera fixé par un Etat qui fera arrêté par l'Affemblée des Etats, demeureront exempts de toutes Charges perfonnelles, comme Tutelles, Curatelles, Sequeftrations, Collectes & autres, conformément à l'Arrêt du Confeil & Lettres-Patentes du 17 Octobre 1739, regiftrées en la Cour des Aydes & Finances de Montpellier, le 2 Décembre de la même année.

LXV.

Ne fera payé, comme par le paffé, pour Droits de Reception du ferment defdits Commis, que 20 fols au Juge, & 10 fols au Greffier; & pour la reception des Verbaux de fraude, & autres faits pour la Régie de la Ferme, que 10 fols au Juge, & 5 fols au Greffier.

LXVI.

NE sera loisible aux Mangonniers & Bouchers d'ouvrir leurs Boutiques, ni tailler ou exposer en vente aucune Chair, ès jours de Vendredi, Carême, Vigile des Fêtes, & autres Tems prohibés par l'Eglise Catholique, Apostolique & Romaine, si ce n'est le Samedi, suivant l'ancienne coûtume de l'Eglise, hors en cas de nécessité ou de permission, sous peine de confiscation de ladite Chair aux Hôpitaux Generaux des Lieux, & de l'Amende de 50 livres, moitié au Roi, & moitié aux Pauvres desdits Hôpitaux, laquelle ne pourra être moderée.

LXVII.

SI les Bouchers, Poissonniers, Taverniers & autres, sont indûement acculés & poursuivis par lesdits Fermiers, iceux Fermiers seront condamnés, si le cas y échoit, à l'Amende.

LXVIII.

SERONT tenus les Fermiers, Sous Fermiers & Arrières-Fermiers, de notifier le Verbal sur lequels ils entendront se pourvoir pour fait de contravention, au Syndic du Diocèse, lors de l'introduction de la première Instance, & au Syndic-Général, lors de l'assignation en Appel, pour qu'ils puissent intervenir, s'il y a lieu, dans les Instances, & de justifier devant les Juges, lors de la Contestation en cause, de ladite notification, à peine par lesdits Fermiers, de ne pouvoir repeter les fraix qu'ils auront fait avant la notification desdits Verbaux, laquelle notification suffira, sans qu'il soit permis au Fermier de faire assigner ni sommer lesdits Syndics des Diocèses ou le Syndic-Général, pour intervenir ou assister au Jugement d'aucune Instance.

LXIX.

NE feront foi aucuns Articles de l'Equivalent, en Jugement ni dehors, s'ils ne font fignés & collationnés par le Greffier des Etats, & non autre.

LXX.

Les Articles contenus au préfent Règlement, auront feuls force & vigueur, & tiendront lieu de tous autres, fans que les Fermiers ni les Sous-Fermiers, ou Arrières-Fermiers puiffent s'aider d'aucun autre Règlement antérieur, fous quelque dénomination qu'il ait été fait, & fans qu'ils puiffent en pourfuivre de nouveaux pour la perception des Droits ou autrement, même dans le cours & à l'occafion d'une Inftance particulière, & fous prétexte d'explication des Articles du préfent Règlement, qu'après que l'Affemblée des Etats y aura délibéré fur les repréfentations du Fermier.

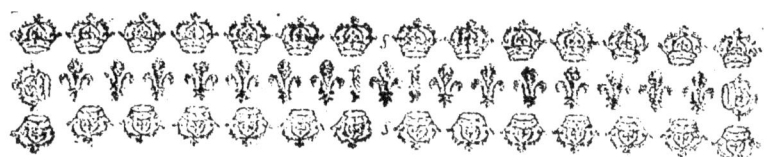

TARIF

DES DROITS CONTENUS AUX ARTICLES CI-DESSUS.

POUR chaque livre carnassière de Chair, fraîche ou salée, sera payé dix huit deniers, excepté la Truye & Pourceau, qui ne payera que six deniers par livre carnassière.

Pour chaque quintal de Poisson, soit frais ou salé, vendu en gros ou en detail, sera payé dix sols. Le Pêcheur pourra vendre & revendre sur le Lieu en gros, le Poisson de Mer frais, sans payer le Droit d'Equivalent.

La sixième partie du prix du Vin vendu en détail, & par augmentation quatre sols pour livre du sixième du prix dudit Vin.

Deux sols pour chaque Agneau du poids de vingt livres primes & au-dessous, net & vuide de Fressures, payables par les Chévrotiers, Agneliers, & autres qui tueront & revendront lesdits Agneaux; & lorsque lesdits Agneaux excèderont le poids de vingt livres, ils seront reputés Viande de Boucherie, & payeront six deniers par livre prime.

Par Baril de Sardes & Anchoyes, du poids de trente livres, compris le Bois, Poisson, Eau & Sel, sera payé deux sols; & si lesdits Barils pesent plus ou moins, ledit Droit fera rabatu ou augmenté, à raifon de cinq en cinq livres.

FAIT & arrêté en l'Affemblée des Etats, tenus en la Ville de Montpellier, le fixième Novembre mil fept cens foixante-deux.

Signé † DILLON, ARCH. DE TOULOUSE, Préfident.

Du Mandement de mefdits Seigneurs des Etats, *Signé*, ROME.

Collationné à l'Original, par moi fouffigné Secrétaire & Greffier des Etats de la Province de Languedoc.

www.ingramcontent.com/pod-product-compliance
Lightning Source LLC
Chambersburg PA
CBHW060527050426
42451CB00009B/1191